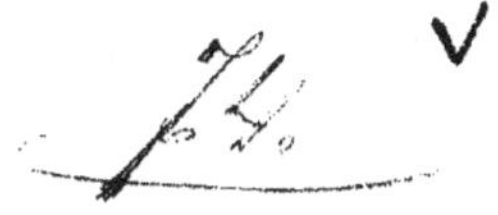

Vente le Lundi 26 Novembre 1866

OBJETS DE LA CHINE

ET DU JAPON

OBJETS DIVERS

Appartenant à **M. M...**

Exposition publique le Dimanche 25 Novembre

Mᶜ CHARLES PILLET,	M. FEBVRE,
COMMISSAIRE-PRISEUR	EXPERT

1866

EXEMPLAIRE DE H. STETTINER

CATALOGUE

D'UNE COLLECTION DE

BELLES PORCELAINES

ANCIENNES

DE LA CHINE ET DU JAPON, DE SAXE

Émaux Cloisonnés

JADES ET OBJETS DIVERS

Le tout appartenant à M. M...

DONT LA VENTE AUX ENCHÈRES PUBLIQUES AURA LIEU

Hôtel Drouot, Salle n° 7

Le Lundi 26 Novembre 1866

A UNE HEURE ET DEMIE

Par le ministère de Mᵉ **CHARLES PILLET**, Commissaire-Priseur,

11, rue de Choiseul,

Assisté de M. **FEBVRE**, Expert, rue Laffitte, 12,

Chez lesquels se distribue le Catalogue.

EXPOSITION PUBLIQUE

Le Dimanche 25 Novembre 1866, de une heure à cinq.

CONDITIONS DE LA VENTE

Elle sera faite au comptant.

Les adjudicataires payeront *cinq pour cent* en sus des enchères.

L'exposition mettant le public à même de se rendre compte de l'état des objets, il ne sera admis aucune réclamation une fois l'adjudication prononcée.

Paris. — Imprimerie de Pillet fils aîné, rue des Grands-Augustins, 5

DÉSIGNATION
DES OBJETS

EMAUX CLOISONNÉS DE LA CHINE

1 — Grand plat creux en émail, cloisonné à l'intérieur et à l'extérieur, orné sur toutes ses parties de fleurs et de poissons en émaux de couleurs. — Diam. 50 cent.

2 — Deux très-beaux cornets en émail cloisonné, très-riche décor d'entrelacs de fleurs et de palmettes, en émaux de couleurs: ils sont ornés de quatre arêtes saillantes en bronze doré. — Haut. 44 cent.

3 — Deux flambeaux en émail cloisonné. Ces belles pièces sont ornées de cinq frises et de semis de fleurs sur fond turquoise, sur les socles sont des raies de cœur saillantes en bronze doré. — Haut. 45 cent.

4 — Grand et magnifique brasero en émail cloisonné; il est supporté par trois pieds contournés entourés d'une bande en bronze doré; le décor, très-riche en émaux de couleurs sur bleu turquoise, offre des frises, divers ornements, et l'emblème de la vigilance. Couvercle à bouton et double frise en bronze, repercée à jour, séparée par deux autres frises en émail cloisonné. Pied en bois sculpté. — Haut. 50 cent.

5 — Grand et beau vase forme balustre, en émail cloisonné ; cette belle pièce, d'une époque reculée, est ornée de six frises offrant des palmettes, des fleurs et des yeux de pélican, emblème de la vigilance; le tout en émaux de couleurs sur bleu turquoise. — Haut. 40 cent.

6 — Vase cylindrique en émail cloisonné; il est entouré par cinq frises en émaux de couleurs, représentant des feuilles d'eau, des fleurs et des rinceaux.

7 — Cassolette en émail cloisonné, ayant la forme d'un canard; son plumage offre huit tons divers en émaux. Pièce remarquable.

8 — Coupe en émail cloisonné, fond bleu turquoise; à l'intérieur, triple frise en émaux de couleurs, représentant des poissons, des fleurs, des feuillages et des oiseaux emblématiques; à l'extérieur sont d'autres fleurs et une frise.

Ces sortes de coupes étaient offertes comme présent par les mandarins.

9 — Coupe vide-poche à piédouche en émail cloisonné ;
cette petite pièce est très-riche par son décor à huit tons,
offrant des fleurs, des frises et des entrelats.

10 — Deux coupes de forme basse en émail cloisonné, décor
offrant à l'extérieur des grecques sur un fond bleu lapis.

PORCELAINES DE CHINE

11 — Très-magnifique garniture en porcelaine de Chine ,
composée de cinq pièces, riche décor en émaux de couleur, offrant des tiges, de larges fleurs et des oiseaux.
Rare. — Haut. 45 cent.

12 — Deux charmants vases en porcelaine de Chine; ils sont
de forme hexagone, sur les arêtes sont des quarts de ronds
dorés; chaque pan offre en émaux de couleurs des personnages chinois, scènes de la vie privée. Très-belle qualité.

13 — Petite garniture de quatre pièces, deux vases et deux
cornets; décor avec bordure cachemire, fleurs de chrysanthèmes, meubles et accessoires, le tout en émaux de couleurs.

14 — Ting ou brûle-parfums en porcelaine de Chine, fond bleu
turquoise, sur trois pieds à mufles de lions, reposant sur
un socle en bois sculpté ; sur la panse et au col sont des
fleurs, des feuillages et des frises; le tout gravé sur émail.
— Haut. 23 cent.

15 — Deux grandes potiches à couvercles en porcelaine de Chine, de la dynastie de Kien-Long; ils sont ornés de deux dragons et de vagues en bleu rehaussé d'or, le tout alterné par des fleurs en émaux de couleurs et d'emblèmes astronomiques. — Haut. 65 cent.

16 — Deux grandes et belles potiches en porcelaine du Japon, décor de fleurs avec encadrements bleus. — Hauteur 49 cent.

17 — Un cornet forme balustre, en porcelaine de Chine, décor dit de la famille verte, offrant des médaillons à personnages et des fleurs.

18 — Un autre un peu plus petit, même genre de décor que le précédent.

19 — Très-beau vase en porcelaine de Chine, de la dynastie du Myng; il est de forme cylindrique et décoré d'un grand paysage avec pont, kiosques et figures; autour du col sont trois frises avec fleurs, paysages et quadrilles. — Haut. 43 cent.

20 — Deux grands vases de forme élevée, en porcelaine de Chine, fond bleu empois. — Haut. 65 cent.

21 — Deux vases de forme ovoïde, ornés en émaux de couleurs, de fleurs, de branches de pêcher et de pélicans.

22 — Vase de forme ovoïde en porcelaine de Chine, fond bleu perse à rehauts d'or. Belle qualité. — Haut. 43 cent.

23 — Potiche en porcelaine de Chine , décor émaillé avec
feuillages, fleurs et pélicans.

24 — Grande et belle vasque en porcelaine de Chine, beau
décor bleu avec bouquets de fleurs et cinq encadrements.—
Haut. 47 cent.; diam. 53 cent.

25 — Grande vasque, même genre que la précédente, mais
d'un décor plus large. — Diam. 54.; haut. 49 cent.

26 — Très-beau vase balustre, fond gros bleu orné sous émail
de cinq frises saillantes, offrant des fleurs, des raies-de-
cœur et des palmettes. — Haut. 49 cent.

27 — Grand cornet en porcelaine de Chine, décor de la famille
verte, orné de trois frises, deux avec fleurs, la plus grande
avec sujet à personnages chinois. Pied en bois sculpté.—
Haut. 50 cent.

28 — Vase élevé de forme ovoïde, très-ancienne qualité dite à
mandarins, coquille d'œuf; il est orné en émaux de couleurs de deux médaillons à personnages, scènes de la vie
privée. — Haut. 40 cent.

29 — Vase de forme cylindrique en porcelaine de Chine, décor
en émaux de couleurs avec branches d'arbres, fleurs et
oiseaux. Très-ancienne qualité. — Haut. 39 cent.

30 — Vase balustre en porcelaine de Chine ; la panse, en bas,
est ornée en émaux de couleurs, d'une déesse sur les

eaux, précédée et suivie de divinités; autour du col est un paysage et une autre déesse, portée par un cygne. Anse à trompe d'éléphant.

31 — Vase balustre, d'une forme élégante; beau décor en émaux de couleur, fleurs, branchages et oiseaux.

32 — Vase balustre en porcelaine de Chine, fond bleu empois; anses à tête d'éléphant.

33 — Deux grands vases en porcelaine de Chine, décor fond rose calbocé sous émail; sur la panse sont deux enfants en relief soutenus par des cordons. — Haut. 60 cent.

34 — Vase balustre en porcelaine de Chine, fond rouge rubis flambé.

35 — Deux jardinières en porcelaine de Chine, décor bleu à médaillons de personnages chinois.

36 — Grand cornet en porcelaine de Chine, fond bleu perse à rehauts d'or.

37 — Vase à col étranglé en porcelaine de Chine, fond bleu turquoise; il est formé par de larges feuilles saillantes, entourées au col par un ruban avec nœud. — Haut. 27 cent.

38 — Potiche en porcelaine de Chine, ancienne qualité; décor à feuillages verts, pélicans et fleurs. Couvercle en bois sculpté. — Haut. 37 cent.

39 — Vase balustre en porcelaine de Chine, fond bleu turquoise, décoré de trois frises, deux à palmettes et la plus grande avec fleurs ; le tout en relief et gravé sous émail. — Haut. 33 cent.

40 — Jardinière en porcelaine de Chine, de forme octogone, décor bleu offrant des paysages sur chaque pan ; le pied avec frise à jour. — Haut. 25 cent.

41 — Deux autres jardinières, même genre que la précédente. — Haut. 24 cent.

42 — Deux vases à cols évasés en porcelaine de Chine, fond flambé rouge rubis. — Haut. 57 cent.

43 — Très-grand bol de chine, très-riche de décor en émaux de couleurs ; il offre à l'intérieur une frise et un bouquet de fleurs ; à l'extérieur, un paysage avec oiseaux, fleurs et arbustes.

44 — Deux petites jardinières hexagones en porcelaine de Chine, ornées en émaux de couleurs, de frises et de fleurs.

45 — Vase de forme ovoïde en porcelaine de Chine, décor avec deux dragons en rouge de cuivre se débattant dans les vagues.

46 — Grande corbeille à jour en porcelaine de Chine, décor bleu sur blanc. Anses à jour à trompes d'éléphant.

47 — Pot à fleurs en porcelaine de Chine, fond bleu turquoise à col évasé, formé par des feuilles de plantes aquatiques.

48 — Deux jardinières de forme hexagone, en porcelaine de Chine. Tous les pans avec encadrements saillants entourant des bouquets de fleurs en émaux de couleurs. — Haut. 22 cent.

49 — Vasque en porcelaine de Chine, à bords dentelés; quatre médaillons en camaïeu rose se détachent sur un fond bleu perse à rehauts d'or. — Haut. 24 cent.; diam. 35 cent.

50 — Plat en porcelaine de Chine, riche décor de chrysanthèmes; bordure à cachemire.

51 — Deux plats vieux chine, décor de fleurs et de paysages, bordures à jour.

52 — Deux autres, même genre que les précédents.

53 — Deux grands bols en porcelaine de Chine, ancienne qualité, décor en émaux de couleurs sur fond rouge de cuivre; ils sont ornés à l'intérieur de quatre médaillons à personnages chinois, et à l'extérieur d'une frise à cachemire et d'un autre médaillon à personnage.

54 — Petit vase de forme ovoïde en porcelaine de Chine, dite coquille d'œuf; charmant décor offrant deux médaillons à personnages, scènes de la vie privée; entre les médaillons, semé de fleurs bleu et rouge à rehauts d'or.

55 — Deux bouteilles en porcelaine de Chine, fond flambé
rouge rubis. — Haut. 54 cent.

56 — Petite jardinière en porcelaine de Chine et de forme
lobée, ornée en émaux, d'entretacs, de fleurs et de feuillages blanc et vert sur fond bleu lapis.

57 — Sucrier à double fond, même décor que la précédente
pièce.

58 — Théière en vieux chine, décor dit à mandarins, ornée
de deux médaillons à personnages, scènes de la vie
privée.

59 — Grand plat en porcelaine de Chine, décor fond bleu
perse, avec fleurs et rosaces à rehauts d'or. — Diam.,
52 cent.

60 — Un bol, même décor que le précédent.

61 — Petite coupe à piédouche en porcelaine de Chine bleu
turquoise.

62 — Plat de la Chine; au centre, un vase contenant des
fleurs; sur le bords une frise.

63 — Deux autres plats très-riches de décor, à bouquets de
fleurs et bordures cachemire.

64 — Potiche en porcelaine de Chine, décor à personnages représentant une fabrique de papier. Couvercle en bois sculpté. — Haut. 30 cent.

65 — Une autre potiche presque semblable à la précédente, mais un peu plus petite. — Haut. 28 cent.

66 — Plat de la Chine, décor de la famille verte au centre. trois femmes chinoises près d'une habitation.

67 — Bol en porcelaine de Chine, décoré en émaux de couleurs et à l'extérieur d'un sujet de chasse ; à l'intérieur, d'un combat de cavaliers.

68 — Bol en porcelaine du Japon, beau décor ; ancienne qualité.

69 — Huit assiettes de la Chine, décors variés.

70 — Plat de forme octogone, en porcelaine de Chine, très-riche décor de la famille verte, frises, fleurs et paysages.

71 — Un autre, pareil décor, mais plus petit que le précédent.

72 — Deux grands vases, fond vert d'eau rehaussé de fleurs en relief et en émail blanc ; ils sont ornés en outre de huit médaillons bleus représentant des personnages.

PORCELAINES DU JAPON

73 — Garniture de cinq pièces, en porcelaine du Japon, composée de trois vases et de deux cornets. Très-riche décor. — Haut., 65 cent.

74 — Grande et très-belle potiche du Japon. Très-riche décor
de frises et de fleurs en rouge et bleu à rehauts d'or. —
Haut., 60 cent.

75 — Autre potiche, très-riche de décoration, même genre que
la précédente; le couvercle surmonté d'une chimère. —
Haut., 65 cent.

76 — Grande potiche en porcelaine du Japon fond bleu, avec
larges médaillons en relief et en laque rouge, noir et or;
ces médaillons, entourés de larges bandes, offrent des oiseaux dans des paysages et des fleurs. Couvercle à chimère.
— Haut., 65 cent.

77 — Deux grandes potiches à couvercles en porcelaine du
Japon; elles sont à huit pans; très-beau décor bleu, avec
fleurs, frises et médaillons. — Haut., 65 cent.

78 — Deux grandes potiches en vieux japon; elles sont de
forme hexagone, très-riche décor; couvercle à chimère.—
Haut., 85 cent.

79 — Jardinière en porcelaine du Japon, beau décor bleu avec
quatre frises de fleurs et d'ornements. — Haut., 32 cent.

80 — Potiche en porcelaine du Japon, très-riche décor de
larges feuilles d'eau, de fleurs et de pélicans; le couvercle
avec chimère. — Haut., 50 cent.

81 — Une grande potiche en porcelaine du Japon ; très-magnifique décor à encadrements noirs émaillés, au centre desquels sont des fleurs, des rosaces et un pélican.— Haut., 60 cent.

82 — Deux vases de forme ovoïde, en porcelaine du Japon ; les panses très-richement décorées de fleurs et de pélicans.

83 — Vasque en porcelaine du Japon ; décor bleu à frises, fleurs et rinceaux. — Haut., 33 cent.; diam., 38 cent.

84 — Un grand cornet en porcelaine du Japon, orné de frises et d'encadrements bleus, avec bouquets de chrysanthèmes. — Haut., 56 cent.

85 — Grand plat du Japon, riche décor de fleurs et de paysage avec kiosque. — Diam., 48 cent.

86 — Autre plat du Japon, même genre que le précédent, mais plus petit.

87 — Six plats du Japon de divers décors et grandeurs, très-beaux de qualité. Seront divisés.

88 — Surtout en porcelaine du Japon, composé de cinq plateaux cintrés.

CÉLADONS

89 — Vase forme balustre en céladon vert d'eau craquelé ; anses à trompe d'éléphant.

90 — Autre vase forme balustre, en céladon vert d'eau craquelé; il est orné de trois frises et d'anses en biscuit brun.

91 — Un autre plus petit en céladon gris craquelé; anses à
jour formées par des chimères.

92 — Grand plat en ancien céladon vert d'eau craquelé, orné
de fleurs en relief et sous émail. — Diam., 45 cent.

93 — Plat en céladon vert craquelé.

94 — Grand vase balustre en céladon vert d'eau craquelé. —
Haut., 60 cent.

95 — Bol en ancien céladon craquelé fond café au lait; il est
orné de frises et de fleurs bleu.

BISCUIT DE PORCELAINE

96 — Groupe en biscuit de porcelaine représentant la Renom-
mée entourée de petits génies.

97 — Autre groupe, allégorie de la Musique.

98 — Autre groupe, allégorie du Dessin.

PORCELAINE DE SAXE

99 — Deux perroquets en porcelaine de Saxe ; ils sont perchés sur des troncs d'arbres, avec branches et feuillage.

100 — Petit perroquet en porcelaine de Saxe.

JADES

101 — Deux vases en jade vert, à quatre faces et à côtes saillantes, ornés de grecques encadrent divers ornements, et des palmettes très-finement sculptées. — Haut., 20 cent.

102 — Deux coupes en jade vert ; elles sont très-finement évidées.

LAQUES

103 — Petit meuble toilette en laque aventurine, parsemé de fleurs ; il est à deux cylindres, cachant chacun cinq tiroirs ; sur le devant, quatre autres tiroirs cachés par un panneau brisé à coulisse.

104 — Petit réchaud pour fumeur, enchâssé dans un petit meuble à tiroirs, en laque noir aventuriné, sur lequel se détachent, en or de diverses couleurs, des fleurs, des tiges et des insectes.

OBJETS DIVERS

105 — Grande divinité indienne en bronze; elle est accroupie et tient un sceptre.

106 — Coffret en ambre, orné de bas-reliefs en ivoire sculpté.